AF284841

Impressum
Verlag: BABADADA GmbH, Nedderfeld 112 , 22529 Hamburg
Geschäftsführer / Verlagsleitung: Harald Hof
Druck: Books on Demand GmbH, In de Tarpen 42, 22848 Norderstedt

Imprint
Publisher: BABADADA GmbH, Nedderfeld 112 , 22529 Hamburg, Germany
Managing Director / Publishing direction: Harald Hof
Print: Books on Demand GmbH, In de Tarpen 42, 22848 Norderstedt, Germany

das Klassenzimmer
klaslokaal

dividieren
delen

186/2

die Tafel
bord

der Schulhof
schoolplein

der Lehrer
leraar

das Papier
papier

schreiben
schrijven

der Stift
pen

der Schreibtisch
bureau

das Lineal
lineaal

das Buch
boek

die Schüler
leerling

der Ranzen

schooltas

die Federmappe

etui

der Bleistift

potlood

der Bleistiftanspitzer

puntenslijper

das Radiergummi

gum

der Zeichenblock

schetsblok

die Zeichnung

tekening

der Pinsel

penseel

der Malkasten

verfdoos

die Schere

schaar

der Klebstoff

lijm

das Übungsheft

schrift

die Hausaufgabe

huiswerk

12

die Zahl

getal

2+2

addieren

optellen

5-2

subtrahieren

aftrekken

2×2

multiplizieren

vermenigvuldigen

rechnen

rekenen

A

der Buchstabe

letter

**ABCDEFG
HIJKLMN
OPQRSTU
VWXYZ**

das Alphabet

alfabet

das Wort

woord

der Text

tekst

lesen

lezen

die Kreide

krijt

die Stunde

les

das Klassenbuch

klassenboek

die Prüfung

examen

das Zeugnis

diploma

die Schuluniform

schooluniform

die Ausbildung

opleiding

das Lexikon

encyclopedie

die Universität

universiteit

das Mikroskop

microscoop

die Karte

kaart

der Papierkorb

prullenmand

das Hotel
hotel

die Herberge
hostel

die Wechselstube
wisselkantoor

der Koffer
koffer

das Auto
auto

die Sprache
taal

ja / nein
ja / nee

Okay
oké

Hallo
Hallo!

der Übersetzer
tolk

Danke
Bedankt.

Was kostet...?

Wat kost ...?

Ich verstehe nicht

Ik begrijp het niet.

das Problem

probleem

Guten Abend!

Goedenavond!

Guten Morgen!

Goedemorgen!

Gute Nacht!

Goedenacht!

Auf Wiedersehen

Tot ziens!

die Richtung

richting

das Gepäck

bagage

die Tasche

tas

der Rucksack

rugzak

der Gast

gast

das Zimmer

kamer

der Schlafsack

slaapzak

das Zelt

tent

die Touristeninformation

VVV-kantoor

der Strand

strand

die Kreditkarte

creditkaart

das Frühstück

ontbijt

das Mittagessen

lunch

das Abendessen

diner

die Fahrkarte

kaartje

der Fahrstuhl

lift

die Briefmarke

postzegel

die Grenze

grens

der Zoll

douane

die Botschaft

ambassade

das Visum

visum

der Pass

paspoort

die Reise - reis

das Flugzeug
vliegtuig

das Schiff
schip

das Feuerwehrauto
brandweerwagen

der Bus
bus

der Lastwagen
vrachtauto

das Motorboot
motorboot

das Fahrrad
fiets

das Auto
auto

die Fähre

veerboot

das Boot

boot

das Motorrad

motorfiets

das Polizeiauto

politiewagen

das Rennauto

raceauto

der Mietwagen

huurauto

das Carsharing

carsharing

der Abschleppwagen

takelwagen

das Müllauto

vuilniswagen

der Motor

motor

der Kraftstoff

benzine

die Tankstelle

benzinepomp

das Verkehrsschild

verkeersbord

der Verkehr

verkeer

der Stau

file

der Parkplatz

parkeerplaats

der Bahnhof

station

die Schienen

rails

der Zug

trein

die Straßenbahn

tram

der Wagon

wagon

der Helikopter

helikopter

der Flughafen

luchthaven

der Tower

toren

der Passagier

passagier

der Container

container

der Karton

verhuisdoos

der Karren

kar

der Korb

mand

starten / landen

opstijgen / landen

die Stadt
stad

das Dorf

dorp

das Stadtzentrum

stadscentrum

das Haus

huis

das Kino
bioscoop

die Werbung
reclame

die Straßenlaterne
straatlantaarn

CINEMA

die Straße
straat

das Taxi
taxi

der Kiosk
kiosk

der Fußgänger
voetganger

der Bürgersteig
trottoir

die Kreuzung
kruispunt

der Zebrastreifen
zebrapad

die Mülltonne
vuilnisbak

die Ampel
stoplicht

die Hütte
hut

die Wohnung
appartement

der Bahnhof
station

das Rathaus
stadhuis

das Museum
museum

die Schule
school

die Universität

universiteit

die Bank

bank

das Krankenhaus

ziekenhuis

das Hotel

hotel

die Apotheke

apotheek

das Büro

kantoor

die Buchhandlung

boekenwinkel

das Geschäft

winkel

der Blumenladen

bloemenwinkel

der Supermarkt

supermarkt

der Markt

markt

das Kaufhaus

warenhuis

der Fischhändler

visboer

das Einkaufszentrum

winkelcentrum

der Hafen

haven

der Park

park

die Bank

bank

die Brücke

brug

die Treppe

trap

die U-Bahn

metro

der Tunnel

tunnel

die Bushaltestelle

bushalte

die Bar

bar

das Restaurant

restaurant

der Briefkasten

brievenbus

das Straßenschild

straatnaambord

die Parkuhr

parkeermeter

der Zoo

dierentuin

die Badeanstalt

zwembad

die Moschee

moskee

der Bauernhof
boerderij

die Umweltverschmutzung
vervuiling

der Friedhof
begraafplaats

die Kirche
kerk

der Spielplatz
speelplaats

der Tempel
tempel

die Landschaft
landschap

das Blatt
blad

der Wegweiser
wegwijzer

der Weg
weg

die Wiese
weide

der Stein
steen

der Wanderer
wandelaar

der Baum
boom

der Fluss
rivier

das Gras
gras

die Blume
bloem

das Tal

vallei

der Berg

berg

der See

meer

der Wald

bos

die Wüste

woestijn

der Vulkan

vulkaan

das Schloss

kasteel

der Regenbogen

regenboog

der Pilz

paddenstoel

die Palme

palmboom

der Moskito

mug

die Fliege

vlieg

die Ameise

mier

die Biene

bij

die Spinne

spin

der Käfer

kever

der Frosch

kikker

das Eichhörnchen

eekhoorn

der Igel

egel

der Hase

haas

die Eule

uil

die Vogel

vogel

der Schwan

zwaan

das Wildschwein

wild zwijn

der Hirsch

hert

der Elch

eland

der Staudamm

stuwdam

das Windrad

windmolen

das Solarmodul

zonnepaneel

das Klima

klimaat

der Kellner
ober

die Speisekarte
menu

der Stuhl
stoel

die Suppe
soep

die Pizza
pizza

die Tischdecke
tafelkleed

das Besteck
bestek

die Vorspeise
voorgerecht

das Hauptgericht
hoofdgerecht

die Nachspeise
toetje

die Getränke
dranken

das Essen
eten

die Flasche
fles

das Fastfood

fastfood

das Streetfood

eetkraampje

die Teekanne

theepot

die Zuckerdose

suikerpot

die Portion

portie

die Espressomaschine

espressomachine

der Hochstuhl

kinderstoel

die Rechnung

rekening

das Tablett

dienblad

das Messer

mes

die Gabel

vork

der Löffel

lepel

der Teelöffel

theelepel

die Serviette

servet

das Glas

glas

der Teller

bord

der Suppenteller

soepbord

die Untertasse

schotel

die Sauce

saus

der Salzstreuer

zoutvaatje

die Pfeffermühle

pepermolen

der Essig

azijn

das Öl

olie

die Gewürze

kruiden

das Ketchup

ketchup

der Senf

mosterd

die Mayonnaise

mayonaise

das Angebot
aanbieding

der Kunde
klant

die Milchprodukte
zuivelproducten

das Obst
fruit

der Einkaufswagen
winkelwagen

die Schlachterei
slager

die Bäckerei
bakkerij

wiegen
wegen

das Gemüse
groente

das Fleisch
vlees

die Tiefkühlkost
diepvriesproducten

der Aufschnitt

vleeswaren

die Konserven

conserven

das Waschmittel

wasmiddel

die Süßigkeiten

snoepgoed

die Haushaltsartikel

huishoudelijke artikelen

das Reinigungsmittel

schoonmaakmiddel

die Verkäuferin

verkoopster

die Kasse

kassa

der Kassierer

kassier

die Einkaufsliste

boodschappenlijstje

die Öffnungszeiten

openingstijden

die Brieftasche

portefeuille

die Kreditkarte

creditkaart

die Tasche

tas

die Plastiktüte

plastic zak

die Getränke
dranken

das Wasser

water

der Saft

sap

die Milch

melk

die Cola

cola

der Wein

wijn

das Bier

bier

der Alkohol

alcohol

der Kakao

chocolademelk

der Tee

thee

der Kaffee

koffie

der Espresso

espresso

der Cappuccino

cappuccino

die Banane

banaan

der Apfel

appel

die Orange

sinaasappel

die Melone

watermeloen

die Zitrone

citroen

die Karotte

wortel

der Knoblauch

knoflook

der Bambus

bamboe

die Zwiebel

ui

der Pilz

paddenstoel

die Nüsse

noten

die Nudeln

pasta

die Spaghetti

spaghetti

der Reis

rijst

der Salat

salade

die Pommes frites

friet

die Bratkartoffeln

gebakken aardappelen

die Pizza

pizza

der Hamburger

hamburger

das Sandwich

sandwich

das Schnitzel

schnitzel

der Schinken

ham

die Salami

salami

die Wurst

worst

das Huhn

kip

der Braten

gebraad

der Fisch

vis

die Haferflocken

havermout

das Müsli

muesli

die Cornflakes

cornflakes

das Mehl

meel

das Croissant

croissant

das Brötchen

broodjes

das Brot

brood

der Toast

toast

die Kekse

koekjes

die Butter

boter

der Quark

kwark

der Kuchen

taart

das Ei

ei

das Spiegelei

gebakken ei

der Käse

kaas

die Eiscreme

ijs

der Zucker

suiker

der Honig

honing

die Marmelade

jam

die Nougat-Creme

chocoladepasta

das Curry

kerrie

das Essen - eten

das Bauernhaus
boerderij

die Scheune
schuur

der Strohballen
hooibaal

das Feld
veld

das Pferd
paard

der Anhänger
aanhangwagen

das Fohlen
veulen

der Traktor
tractor

der Esel
ezel

das Schaf
schaap

das Lamm
lam

die Ziege
geit

die Kuh
koe

das Kalb
kalf

das Schwein
varken

das Ferkel
big

der Bulle
stier

die Gans

gans

die Ente

eend

das Küken

kuiken

das Huhn

kip

der Hahn

haan

die Ratte

rat

die Katze

kat

die Maus

muis

der Ochse

os

der Hund

hond

die Hundehütte

hondenhok

der Gartenschlauch

tuinslang

die Gießkanne

gieter

die Sense

zeis

der Pflug

ploeg

die Sichel

sikkel

die Hacke

schoffel

die Mistgabel

hooivork

die Axt

bijl

die Schubkarre

kruiwagen

der Trog

trog

die Milchkanne

melkbus

der Sack

zak

der Zaun

hek

der Stall

stal

das Treibhaus

broeikas

der Boden

grond

die Saat

zaad

der Dünger

mest

der Mähdrescher

maaidorser

der Bauernhof - boerderij

ernten
oogsten

die Ernte
oogst

die Yamswurzel
yam

der Weizen
tarwe

das Soja
soja

die Kartoffel
aardappel

der Mais
maïs

der Raps
koolzaad

der Obstbaum
fruitboom

der Maniok
maniok

das Getreide
granen

der Schornstein
schoorsteen

das Dach
dak

die Regenrinne
regenpijp

das Fenster
raam

die Garage
garage

die Klingel
deurbel

die Tür
deur

der Mülleimer
prullenbak

der Briefkasten
brievenbus

der Garten
tuin

das Wohnzimmer
woonkamer

das Badezimmer
badkamer

die Küche
keuken

das Schlafzimmer
slaapkamer

das Kinderzimmer
kinderkamer

das Esszimmer
eetkamer

der Boden

vloer

die Wand

muur

die Decke

plafond

der Keller

kelder

die Sauna

sauna

der Balkon

balkon

die Terrasse

terras

das Schwimmbad

zwembad

der Rasenmäher

grasmaaier

der Bettbezug

laken

die Bettdecke

bedsprei

das Bett

bed

der Besen

bezem

der Eimer

emmer

der Schalter

schakelaar

die Tapete
behang

das Bild
foto

die Lampe
lamp

das Regal
plank

der Schrank
kast

der Kamin
open haard

der Fernseher
televisie

die Blume
bloem

das Kissen
kussen

das Sofa
bankstel

die Vase
vaas

die Fernbedienung
afstandsbediening

der Teppich

tapijt

der Vorhang

gordijn

der Tisch

tafel

der Stuhl

stoel

der Schaukelstuhl

schommelstoel

der Sessel

stoel

das Buch

boek

die Decke

deken

die Dekoration

decoratie

das Feuerholz

brandhout

der Film

film

die Stereoanlage

stereo-installatie

der Schlüssel

sleutel

die Zeitung

krant

das Gemälde

schilderij

das Poster

poster

das Radio

radio

der Notizblock

kladblok

der Staubsauger

stofzuiger

der Kaktus

cactus

die Kerze

kaars

der Kühlschrank
koelkast

die Mikrowelle
magnetron

die Küchenwaage
keukenweegschaal

der Toaster
toaster

das Reinigungsmittel
schoonmaakmiddel

der Backofen
oven

das Gefrierfach
vriesvak

der Mülleimer
prullenbak

der Geschirrspüler
vaatwasser

der Herd

fornuis

der Topf

pan

der Eisentopf

gietijzeren pan

der Wok / Kadai

wok / kadai

die Pfanne

koekenpan

der Wasserkocher

ketel

der Dampfgarer

stoomkoker

das Backblech

bakplaat

das Geschirr

servies

der Becher

beker

die Schale

kom

die Essstäbchen

eetstokjes

die Suppenkelle

soeplepel

der Pfannenwender

spatel

der Schneebesen

garde

das Kochsieb

vergiet

das Sieb

zeef

die Reibe

rasp

der Mörser

vijzel

der Grill

barbecue

die Feuerstelle

vuurhaard

die Küche - keuken

das Schneidebrett
....
snijplank

das Nudelholz
....
deegroller

der Korkenzieher
....
kurkentrekker

die Dose
....
blik

der Dosenöffner
....
blikopener

der Topflappen
....
pannenlap

das Waschbecken
....
wasbak

die Bürste
....
borstel

der Schwamm
....
spons

der Mixer
....
blender

die Gefriertruhe
....
vriezer

die Babyflasche
....
babyflesje

der Wasserhahn
....
kraan

die Dusche
douche

die Heizung
verwarming

das Handtuch
handdoek

der Duschvorhang
douchegordijn

das Schaumbad
bubbelbad

die Badewanne
bad

das Glas
glas

die Waschmaschine
wasmachine

der Wasserhahn
kraan

die Fliesen
tegels

das Töpfchen
potje

das Waschbecken
wasbak

die Toilette	die Hocktoilette	das Bidet
toilet	hurktoilet	bidet
das Pissoir	das Toilettenpapier	die Toilettenburste
urinoir	toiletpapier	toiletborstel

die Zahnbürste

tandenborstel

die Zahnpasta

tandpasta

die Zahnseide

flosdraad

waschen

wassen

die Handbrause

handdouche

die Intimdusche

toiletdouche

die Waschschüssel

waskom

die Rückenbürste

rugborstel

die Seife

zeep

das Duschgel

douchegel

das Shampoo

shampoo

der Waschlappen

washanje

der Abfluss

afvoer

die Creme

creme

das Deodorant

deodorant

der Spiegel

spiegel

der Kosmetikspiegel

make-upspiegel

der Rasierer

scheermes

der Rasierschaum

scheerschuim

das Rasierwasser

aftershave

der Kamm

kam

die Bürste

borstel

der Föhn

haardroger

das Haarspray

haarspray

das Makeup

make-up

der Lippenstift

lippenstift

der Nagellack

nagellak

die Watte

watten

die Nagelschere

nagelschaartje

das Parfum

parfum

der Kulturbeutel

toilettas

der Hocker

kruk

die Waage

weegschaal

der Bademantel

badjas

die Gummihandschuhe

rubber handschoenen

das Tampon

tampon

die Damenbinde

maandverband

die Chemietoilette

chemisch toilet

der Wecker
wekker

das Kuscheltier
knuffeldier

das Spielzeugauto
speelgoedauto

die Rassel
rammelaar

das Puppenhaus
poppenhuis

das Geschenk
cadeau

der Ballon
ballon

das Bett
bed

der Kinderwagen
kinderwagen

das Kartenspiel
kaartspel

das Puzzle
puzzel

der Comic
stripverhaal

die Legosteine

legostenen

die Bausteine

speelgoedblokken

die Action Figur

actiefiguurtje

der Strampelanzug

romper

das Frisbee

frisbee

das Mobile

mobile

das Brettspiel

bordspel

der Würfel

dobbelsteen

die Modelleisenbahn

modeltrein

der Schnuller

speen

die Party

feestje

das Bilderbuch

prentenboek

der Ball

bal

die Puppe

pop

spielen

spelen

der Sandkasten

zandbak

die Schaukel

schommel

das Spielzeug

speelgoed

die Spielkonsole

spelcomputer

das Dreirad

driewieler

der Teddy

teddybeer

der Kleiderschrank

kleerkast

die Kleidung
kleding

die Socken

sokken

die Strümpfe

kousen

die Strumpfhose

panty

der Schal
sjaal

der Gürtel
riem

der Regenschirm
paraplu

das T-Shirt
T-shirt

die Turnschuhe
sportschoenen

der Stiefel
laarzen

die Hausschuhe
pantoffels

die Sandalen
....
sandalen

die Schuhe
....
schoenen

die Gummistiefel
....
rubberlaarzen

die Unterhose
....
onderbroek

der Büstenhalter
....
beha

das Unterhemd
....
onderhemd

der Body
body

die Hose
broek

die Jeans
spijkerbroek

der Rock
rok

die Bluse
blouse

das Hemd
overhemd

der Pullover
trui

der Kapuzenpullover
hoody

der Blazer
blazer

die Jacke
jas

der Mantel
mantel

der Regenmantel
regenjas

das Kostüm
kostuum

das Kleid
jurk

das Hochzeitskleid
trouwjurk

der Anzug

pak

das Nachthemd

nachthemd

der Schlafanzug

pyjama

der Sari

sari

das Kopftuch

hoofddoek

der Turban

tulband

die Burka

boerka

der Kaftan

kaftan

die Abaya

abaja

der Badeanzug

zwempak

die Badehose

zwembroek

die kurze Hose

korte broek

der Trainingsanzug

trainingspak

die Schürze

schort

die Handschuhe

handschoenen

der Knopf

knoop

die Brille

bril

das Armband

armband

die Halskette

ketting

der Ring

ring

der Ohrring

oorbel

die Mütze

pet

der Kleiderbügel

kledinghanger

der Hut

hoed

die Krawatte

stropdas

der Reißverschluss

rits

der Helm

helm

der Hosenträger

bretels

die Schuluniform

schooluniform

die Uniform

uniform

das Lätzchen

slabbetje

der Schnuller

speen

die Windel

luier

das Büro
kantoor

der Server
server

der Aktenschrank
archiefkast

der Drucker
printer

der Monitor
beeldscherm

das Papier
papier

der Schreibtisch
bureau

die Maus
muis

der Ordner
map

die Tastatur
toetsenbord

der Papierkorb
prullenmand

der Computer
computer

der Stuhl
stoel

der Kaffeebecher

koffiemok

der Taschenrechner

rekenmachine

das Internet

internet

der Laptop

laptop

der Brief

brief

die Nachricht

bericht

das Handy

mobiele telefoon

das Netzwerk

netwerk

der Kopierer

kopieermachine

die Software

software

das Telefon

telefoon

die Steckdose

stopcontact

das Fax

fax

das Formular

formulier

das Dokument

document

kaufen

kopen

bezahlen

betalen

handeln

handel drijven

das Geld

geld

der Dollar

dollar

der Euro

euro

der Yen

yen

der Rubel

roebel

der Franken

Zwitserse frank

der Renminbi Yuan

renminbi yuan

die Rupie

roepie

der Geldautomat

geldautomaat

die Wechselstube

wisselkantoor

das Gold

goud

das Silber

zilver

das Öl

olie

die Energie

energie

der Preis

prijs

der Vertrag

contract

die Steuer

belasting

die Aktie

aandeel

arbeiten

werken

der Angestellte

werknemer

der Arbeitgeber

werkgever

die Fabrik

fabriek

das Geschäft

winkel

die Wirtschaft - economie

der Feuerwehrmann
brandweerman

der Polizist
politieagent

der Koch
kok

der Arzt
dokter

der Pilot
piloot

der Gärtner

tuinman

der Tischler

timmerman

die Näherin

naaister

der Richter

rechter

der Chemiker

scheikundige

der Schauspieler

toneelspeler

der Busfahrer

buschauffeur

der Taxifahrer

taxichauffeur

der Fischer

visser

die Putzfrau

schoonmaakster

der Dachdecker

dakdekker

der Kellner

ober

der Jäger

jager

der Maler

schilder

der Bäcker

bakker

der Elektriker

elektricien

der Bauarbeiter

bouwvakker

der Ingenieur

ingenieur

der Schlachter

slager

der Klempner

loodgieter

der Postbote

postbode

der Soldat

soldaat

der Architekt

architect

der Kassierer

kassier

der Florist

bloemist

der Friseur

kapper

der Schaffner

conducteur

der Mechaniker

monteur

der Kapitän

kapitein

der Zahnarzt

tandarts

der Wissenschaftler

wetenschapper

der Rabbi

rabbi

der Imam

imam

der Mönch

monnik

der Geistliche

pastoor

der Hammer
hamer

die Zange
tang

der Schraubendreher
schroevendraaier

der Schraubenschlüssel
moersleutel

die Taschenlampe
zaklamp

der Bagger

graafmachine

der Werkzeugkasten

gereedschapskist

die Leiter

ladder

die Säge

zaag

die Nägel

spijkers

der Bohrer

boor

reparieren

repareren

die Schaufel

schep

Mist!

Verdorie!

das Kehrblech

stofblik

der Farbtopf

verfpot

die Schrauben

schroeven

die Musikinstrumente
muziekinstrumenten

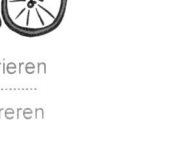

das Schlagzeug
drumstel

der Lautsprecher
luidspreker

die Gitarre
gitaar

der Kontrabass
contrabas

die Trompete
trompet

das Klavier

piano

die Violine

viool

der Bass

bas

die Pauke

pauk

die Trommeln

trommel

das Keyboard

keyboard

das Saxophon

saxofoon

die Flöte

fluit

das Mikrofon

microfoon

der Eingang
ingang

der Tiger
tijger

der Käfig
kooi

das Zebra
zebra

das Tierfutter
dierenvoer

der Panda
panda

die Tiere

dieren

der Elefant

olifant

das Känguruh

kangoeroe

das Nashorn

neushoorn

der Gorilla

gorilla

der Bär

beer

das Kamel

kameel

der Strauß

struisvogel

der Löwe

leeuw

der Affe

aap

der Flamingo

flamingo

der Papagei

papegaai

der Eisbär

ijsbeer

der Pinguin

pinguïn

der Hai

haai

der Pfau

pauw

die Schlange

slang

das Krokodil

krokodil

der Zoowärter

dierenverzorger

die Robbe

zeehond

der Jaguar

jaguar

das Pony

pony

der Leopard

luipaard

das Nilpferd

nijlpaard

die Giraffe

giraffe

der Adler

adelaar

das Wildschwein

wild zwijn

der Fisch

vis

die Schildkröte

schildpad

das Walross

walrus

der Fuchs

vos

die Gazelle

gazelle

das American Football
American football

das Radfahren
wielrennen

das Tennis
tennis

der Basketball
basketbal

das Schwimmen
zwemmen

das Eishockey
ijshockey

das Boxen
boksen

der Fußball
voetbal

das Badminton
badminton

die Leichtathletik
atletiek

der Handball
handbal

das Skilaufen
skiën

das Polo
polo

lachen
lachen

springen
springen

umarmen
knuffelen

gehen
lopen

singen
zingen

träumen
dromen

beten
bidden

küssen
kussen

schreiben

schrijven

zeichnen

tekenen

zeigen

tonen

drücken

duwen

geben

geven

nehmen

oppakken

haben
hebben

tun
doen

sein
zijn

stehen
staan

laufen
rennen

ziehen
trekken

werfen
gooien

fallen
vallen

liegen
liggen

warten
wachten

tragen
dragen

sitzen
zitten

anziehen
aankleden

schlafen
slapen

aufwachen
wakker worden

die Aktivitäten - activiteiten

ansehen

bekijken

weinen

huilen

streicheln

strelen

kämmen

kammen

reden

praten

verstehen

begrijpen

fragen

vragen

hören

horen

trinken

drinken

essen

eten

aufräumen

opruimen

lieben

houden van

kochen

koken

fahren

rijden

fliegen

vliegen

die Aktivitäten - activiteiten 65

segeln
zeilen

rechnen
rekenen

lesen
lezen

lernen
leren

arbeiten
werken

heiraten
trouwen

nähen
naaien

Zähne putzen
tandenpoetsen

töten
doden

rauchen
roken

senden
verzenden

e Großmutter
rootmoeder

der Großvater
grootvader

der Vater
vader

die Mutter
moeder

das Baby
baby

die Tochter
dochter

der Sohn
zoon

der Gast

gast

die Tante

tante

der Onkel

oom

der Bruder

broer

die Schwester

zus

die Stirn
voorhoofd

das Auge
oog

die Schulter
schouder

der Finger
vinger

das Gesicht
gezicht

das Kinn
kin

die Hand
hand

die Brust
borst

das Bein
been

der Arm
arm

das Baby

baby

der Mann

man

die Frau

vrouw

das Mädchen

meisje

der Junge

jongen

der Kopf

hoofd

der Rücken

rug

der Bauch

buik

der Nabel

navel

der Zeh

teen

die Ferse

hiel

der Knochen

bot

die Hüfte

heup

das Knie

knie

der Ellenbogen

elleboog

die Nase

neus

das Gesäß

achterwerk

die Haut

huid

die Wange

wang

das Ohr

oor

die Lippe

lippen

der Mund

mond

der Zahn

tand

die Zunge

tong

das Gehirn

hersenen

das Herz

hart

der Muskel

spier

die Lunge

long

die Leber

lever

der Magen

maag

die Nieren

nieren

der Geschlechtsverkehr

geslachtsgemeenschap

das Kondom

condoom

die Eizelle

eicel

das Sperma

sperma

die Schwangerschaft

zwangerschap

der Körper - lichaam

die Menstruation

menstruatie

die Vagina

vagina

der Penis

penis

die Augenbraue

wenkbrauw

das Haar

haar

der Hals

hals

das Krankenhaus
ziekenhuis

der Krankenwagen
ambulance

der Rollstuhl
rolstoel

der Bruch
fractuur

der Arzt

dokter

die Notaufnahme

EHBO

die Krankenschwester

verpleegster

der Notfall

noodgeval

ohnmächtig

bewusteloos

der Schmerz

pijn

die Verletzung

verwonding

die Blutung

bloeding

der Herzinfarkt

hartaanval

der Schlaganfall

beroerte

die Allergie

allergie

der Husten

hoest

das Fieber

koorts

die Grippe

griep

der Durchfall

diarree

die Kopfschmerzen

hoofdpijn

der Krebs

kanker

die Diabetis

diabetes

der Chirurg

chirurg

das Skalpell

scalpel

die Operation

operatie

das Krankenhaus - ziekenhuis

das CT

CT

das Röntgen

röntgen

das Ultraschall

echografie

die Maske

gezichtsmasker

die Krankheit

ziekte

das Wartezimmer

wachtkamer

die Krücke

kruk

das Pflaster

pleister

der Verband

verband

die Injektion

injectie

das Stethoskop

stethoscoop

die Trage

brancard

das Thermometer

thermometer

die Geburt

geboorte

das Übergewicht

overgewicht

das Hörgerät

gehoorapparaat

das Desinfektionsmittel

ontsmettingsmiddel

die Infektion

infectie

das Virus

virus

das HIV / AIDS

HIV / AIDS

die Medizin

medicijn

die Impfung

inenting

die Tabletten

tabletten

die Pille

pil

der Notruf

alarmnummer

das Blutdruck-Messgerät

bloeddrukmeter

krank / gesund

ziek / gezond

Hilfe!

Help!

der Alarm

alarm

der Überfall

overval

der Angriff

aanval

die Gefahr

gevaar

der Notausgang

nooduitgang

Feuer!

Brand!

der Feuerlöscher

brandblusser

der Unfall

ongeluk

der Erste-Hilfe-Koffer

EHBO-koffer

SOS

SOS

die Polizei

politie

das Europa

Europa

das Nordamerika

Noord-Amerika

das Südamerika

Zuid-Amerika

das Afrika

Afrika

das Asien

Azië

das Australien

Australië

der Atlantik

Atlantische Oceaan

der Pazifik

Stille Oceaan

der Indische Ozean

Indische Oceaan

der Antarktische Ozean

Zuidelijke Oceaan

der Arktische Ozean

Noordelijke IJszee

der Nordpol

Noordpool

der Südpol

Zuidpool

die Antarktis

Antarctica

die Erde

aarde

das Land

land

das Meer

zee

die Insel

eiland

die Nation

natie

der Staat

staat

das Zifferblatt

wijzerplaat

der Stundenzeiger

uurwijzer

der Minutenzeiger

minutenwijzer

der Sekundenzeiger

secondewijzer

Wie spät ist es?

Hoe laat is het?

der Tag

dag

die Zeit

tijd

jetzt

nu

die Digitaluhr

digitaal horloge

die Minute

minuut

die Stunde

uur

die Woche
week

der Montag
maandag

der Mittwoch
woensdag

der Freitag
vrijdag

der Dienstag
dinsdag

der Donnerstag
donderdag

der Samstag
zaterdag

der Sonntag
zondag

gestern

gisteren

heute

vandaag

morgen

morgen

der Morgen

ochtend

der Mittag

middag

der Abend

avond

die Arbeitstage

werkdagen

das Wochenende

weekend

der Regen
regen

der Regenbogen
regenboog

der Schnee
sneeuw

der Wind
wind

der Frühling
voorjaar

der Sommer
zomer

der Herbst
herfst

der Winter
winter

die Wettervorhersage

weerbericht

das Thermometer

thermometer

der Sonnenschein

zonneschijn

die Wolke

wolk

der Nebel

mist

die Luftfeuchtigkeit

luchtvochtigheid

der Blitz

bliksem

der Donner

donder

der Sturm

storm

der Hagel

hagel

der Monsun

moesson

die Flut

overstroming

das Eis

ijs

der Januar

januari

der Februar

februari

der März

maart

der April

april

der Mai

mei

der Juni

juni

der Juli

juli

der August

augustus

der September
....
september

der Oktober
....
oktober

der November
....
november

der Dezember
....
december

die Formen
vormen

der Kreis
....
cirkel

das Quadrat
....
vierkant

das Rechteck
....
rechthoek

das Dreieck
....
driehoek

die Kugel
....
bol

der Würfel
....
kubus

die Farben
kleuren

weiß

wit

gelb

geel

orange

oranje

pink

roze

rot

rood

lila

paars

blau

blauw

grün

groen

braun

bruin

grau

grijs

schwarz

zwart

viel / wenig

veel / weinig

wütend / friedlich

boos / rustig

hübsch / hässlich

mooi / lelijk

der Anfang / das Ende

begin / einde

groß / klein

groot / klein

hell / dunkel

licht / donker

der Bruder / die Schwester

broer / zus

sauber / schmutzig

schoon / vies

vollständig / unvollständig

volledig / onvolledig

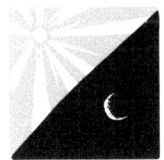

der Tag / die Nacht

dag/ nacht

tot / lebendig

dood / levend

breit / schmal

breed / smal

genießbar / ungenießbar

eetbaar / oneetbaar

böse / freundlich

gemeen / aardig

aufgeregt / gelangweilt

opgewonden / verveeld

dick / dünn

dik / dun

zuerst / zuletzt

eerste / laatste

der Freund / der Feind

vriend / vijand

voll / leer

vol / leeg

hart / weich

hard / zacht

schwer / leicht

zwaar / licht

der Hunger / der Durst

honger / dorst

krank / gesund

ziek / gezond

illegal / legal

illegaal / legaal

intelligent / dumm

intelligent / dom

links / rechts

links / rechts

nah / fern

dichtbij / ver

die Gegenteile - tegenstellingen

neu / gebraucht

nieuw / gebruikt

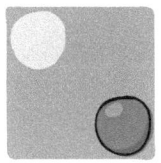

nichts / etwas

niets / iets

alt / jung

oud / jong

an / aus

aan / uit

offen / geschlossen

open / gesloten

leise / laut

zacht / luid

reich / arm

rijk / arm

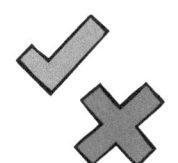

richtig / falsch

goed / fout

rau / glatt

ruw / glad

traurig / glücklich

verdrietig / gelukkig

kurz / lang

kort / lang

langsam / schnell

langzaam / snel

nass / trocken

nat / droog

warm / kühl

warm / koel

der Krieg / der Frieden

oorlog / vrede

0

null

nul

1

eins

één

2

zwei

twee

3

drei

drie

4

vier

vier

5

fünf

vijf

6

sechs

zes

7

sieben

zeven

8

acht

acht

9

neun

negen

10

zehn

tien

11

elf

elf

12

zwölf

twaalf

13

dreizehn

dertien

14

vierzehn

veertien

15

fünfzehn

vijftien

16

sechzehn

zestien

17

siebzehn

zeventien

18

achtzehn

achttien

19

neunzehn

negentien

20

zwanzig

twintig

100

hundert

honderd

1.000

tausend

duizend

1.000.000

million

miljoen

Englisch

Engels

Amerikanisches Englisch

Amerikaans Engels

Chinesisch Mandarin

Chinees Mandarijn

Hindi

Hindi

Spanisch

Spaans

Französisch

Frans

Arabisch

Arabisch

Russisch

Russisch

Portugiesisch

Portugees

Bengalisch

Bengalees

Deutsch

Duits

Japanisch

Japans

ich
....
ik

du
....
jij

er / sie / es
....
hij / zij / het

wir
....
wij

ihr
....
jullie

sie
....
zij

wer?
....
wie?

was?
....
wat?

wie?
....
hoe?

wo?
....
waar?

wann?
....
wanneer?

Name
....
naam

hinter

achter

in

in

vor

voor

über

boven

auf

op

unter

onder

neben

naast

zwischen

tussen

der Ort

plaats